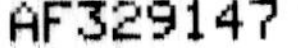

Couvertures supérieure et inférieure
en couleur

LES VOLEURS,
LES MENDIANS
LES SALARIÉS

TEXTE DE M. DE MIRABÉAU.

COMMENTAIRE DE M. DE ROSSI.

A PARIS,

Chez BELIN, Libraire, rue Saint-Jacques.

1789.

LES VOLEURS,
LES MENDIANS,
LES SALARIÉS.

TEXTE DE M. DE MIRABEAU,

COMMENTAIRE DE M. DE ROSSY.

J'AI le malheur de croire que très-peu de gens en France sont réellement éclairés sur les matieres légiſlatives ; & ſi, diſcret ſur les grandes preuves que je pourrois donner de mon opinion à ce ſujet, je ne voulois me prévaloir que des petites, j'en verrois pluſieurs très-concluantes dans le mouvement de déſapprobation générale élevé il y a peu de jours à l'aſſemblée nationale ſur l'expreſſion *ſalarié*, employée par M. le comte de Mirabeau, & dans la remarque faite d'un ſon grave

A

& magiſtral par le Journaliſte, qui, rap-
portant le mot de ce célèbre député, daigne
enſuite redreſſer M. de Mirabeau, & lui
apprendre, ainſi qu'à nous, *qu'il oublie
ſans doute les propriétaires.*

Il peut échapper quelquefois aux hommes
de la trempe de M. de Mirabeau un trait
bizarre, un mot original; mais ces originalités, ces bizarreries apparentes, ces phraſes
ſaillantes auxquelles le vulgaire donne ces
qualifications, tiennent à de grands principes & à une théorie profonde. Ces traits
ſont, relativement aux forces morales, ce
qu'eſt, relativement aux forces phyſiques,
l'effort ſubit d'un être ſenſible, au moment
où un danger preſſant & imprévu commande
à ſon inſtinct, & lui fait employer, machi-
nalement en apparence, mais en effet par
le ſecret & rapide calcul de cette ſublime
géométrie naturelle que l'Eternel a placée
dans chaque individu pour ſa conſervation,
le degré de réſiſtance néceſſaire pour faire
face au péril & le ſurmonter. Ces traits
ſont le prompt raſſemblement de moyens
d'un homme de génie, conduits dans cer-

tains inftans, par un inftinct sûr, à fubfti-
tuer le farcafme à la fageffe, l'ironie au
raifonnement, & l'indignation au fang froid.
Parmi les êtres inanimés, la réaction eft
toujours dans fa vraie proportion qu'elle doit
garder avec l'action. Parmi les êtres mo-
raux, qui par un fage développement ont
mis leurs qualités morales en équilibre avec
leurs qualités phyfiques, le fort eft prefque
toujours adroit & prudent. Or, la prudence
& l'adreffe d'un vigoureux raifonneur lui
enfeignent à ne point du tout ufer de fa
raifon vis-à-vis d'une affemblée tumultueufe
au moment où elle s'en écarte ; c'eft un
péril du fage & de la vérité contre lequel
les moyens ordinaires feroient infuffifans.
Telle eft mon opinion fur ces prétendues
bizarreries & originalités des hommes fubf-
tantiellement fondés en principes ; & voici
comment je vais la démontrer à l'occafion
du farcafme dont il eft queftion. Permis à
M. de Mirabeau de me défavouer & de faire
mieux. Permis encore plus à fes antagoniftes,
ou à mes défapprobateurs, de combattre fes
torts, ou de démontrer les miens. (A).

A ij

Je dirai donc , Messieurs : Ou vous
avez les vrais principes qui vous sont nécessaires pour créer une constitution , &
alors vous devez adopter & approuver
sans restriction la division des hommes en
trois classes générales primitives ; les voleurs , les mendians , les salariés : ou vous
n'avez pas ces vrais principes , & alors vous
devez désapprouver & rejetter cette division. Suivons , s'il se peut , avec exactitude
la vraie marche des choses.

Je ne dirai rien ici de la question des
droits de l'homme , qui paroît à beaucoup
de publicistes , & sur-tout à ceux d'aujour-
d'hui, la première de toutes , quoiqu'elle ne
doive pourtant être présentée qu'après une
autre magnifique & admirable question ,
dont la connoissance , l'examen & la déci-
sion sont de la plus grande importance , &
par l'omission de laquelle tout ce qu'on
diroit sur les droits de l'homme ne peut
être qu'équivoque , incertain , variable &
hasardé ; première & plus importante de
toutes les questions , par laquelle j'ai été
arrêté tout court lorsque j'ai médité sur les

grands objets de la législation auxquels je travaille depuis vingt ans.

Avant que mes recherches & mes méditations ne m'eussent porté assez loin pour me faire découvrir cette nouvelle question qui doit passer avant toutes les autres & devenir la véritable base de la morale, de la politique & de la législation, il me sembloit aussi, & je croyois fermement que la première question propre à former cette base étoit effectivement celle des droits de l'homme.

Quoi qu'il en soit, passant sous silence & celle des droits de l'homme, & celle qui, à mon avis, doit la précéder, supposons tout de suite un grand peuple réuni, & arrivant dans une contrée nouvelle. Ou ce peuple avoit déja formé un contrat social avant d'arriver dans cette contrée, ou il n'en avoit point formé, ce qui est le plus probable. S'il avoit précédemment formé un contrat social, les divisions, les partages, les attributions, ne pouvoient être chez lui qu'un résultat de justice & de mérite, une récompense de travail, de vertus, de ser-

vices, d'actions utiles. Par conséquent chaque partie de ce tout, qui recevoit quelque
chose du tout, étoit *salariée*, en vertu &
en proportion de son travail & de son mérite envers la chose publique.

S'il n'avoit point formé de contrat social,
leurs divisions, leurs partages, étoient en
tout, pour la forme, semblables à ceux des
voleurs; & ils étoient encore semblables à
ceux des *voleurs*, pour le fond ainsi que
pour la forme, si cette région avoit anté-
rieurement un propriétaire présent ou absent.

Voilà ces nouveaux habitans établis. Les
fonctions, les professions, les travaux, les
devoirs, les rangs sont partagés; ceux qui
les remplissent avec zèle, avec exactitude,
sont distingués; chacun est placé selon les
services qu'il rend à la république; ils sont
tous bons & utiles citoyens; ils sont tous
salariés comme tels.

Quelques abus s'introduisent; le relâche-
ment s'empare de quelques esprits; l'am-
bition, de quelques autres; l'équilibre se
perd; une inégalité préjudiciable s'intro-
duit; tel citoyen adroit, heureux, avide

& puiſſant parvient à avoir la fortune de
pluſieurs : cet exemple eſt bientôt imité
par beaucoup d'autres ; au bout d'un certain
tems , favoriſé par les circonſtances , ils
deviennent plus audacieux , plus entrepre-
nans ; ils s'emparent de l'autorité ; ils dé-
ferent le commandement à l'un d'entr'eux ,
ou le gardent tous enſemble. Devenus d'a-
bord aſſez riches pour être les plus forts ,
ils profitent enſuite de ce qu'ils ſont les
plus forts pour devenir encore plus riches,
ſoit en parlant comme le lion de la fable ,
ſoit en faiſant décider que cette augmen-
tation de richeſſe eſt un apanage indiſpen-
ſable de leur puiſſance & de leur commandement. Les voilà tout à la fois *ſalariés &*
nobles voleurs.

De ces voleurs nobles , nous allons voir
naître néceſſairement les mendians & les
voleurs pendus.

C'eſt un ſecret ancien que celui de devenir toujours plus riche quand on eſt une
fois trop riche. L'or du riche coule comme
un fleuve majeſtueux. En ſortant des mains
de ſon maître , il fertiliſe ſes campagnes ,

A iv

il nourrit ses capitaux, il lui attire de nouveaux biens. Le cuivre du pauvre est un torrent, qui se précipite dans un abîme. Sa destinée peut toujours être exprimée par ces mots : Il avoit peu ; il a moins ; demain il n'aura plus rien.

Cette grande disproportion une fois établie, le *déficit* doit se trouver quelque part ; il est dans la poche de cent mille citoyens qui étoient jadis *salariés*, mais qui ne peuvent plus l'être, depuis que leurs portions sont passées dans le coffre-fort des heureux envahisseurs.

Alors naissent les augustes maximes ; *faire ressource*, *se pousser*, *s'industrier*, *se retourner*, &c.

Ceux qui n'avoient pas entièrement tout perdu, & qui ont quelque mine & quelque esprit, viennent flatter les femmes, offrir leurs complaisances aux grands, solliciter les chefs, demander des places, des pensions, donner des placets, des mémoires ; ce sont des mendians de bonne compagnie.

Ceux à qui il ne reste ni mine, ni esprit, ni entregent, ni caquet, ni sou-

ni maille , demandent avec une main noire ,
au lieu de demander avec un papier blanc.
Ils commencent par une perruque blan-
châtre , un juste-au-corps presque noir , une
courte phrase marmotée à voix basse ; ils
finissent par une guenille grise , un ulcère
à la jambe , & un continuel aboiement
d'*ave Maria* ; ce sont les mendians qu'on
met au dépôt & qu'on y oublie.

Ces deux sortes de mendians sont en-
gendrés par la partie des dépouillés qui
sont plus lâches que déréglés , plus pares-
seux que vicieux , plus malheureux que
méchans.

L'autre partie de dépouillés , composée
principalement de vicieux , de déréglés &
de méchans , joue un bien plus grand
rôle dans le monde : très-profonds dans
l'art de *se pousser* , de *se retourner* & de
faire ressource , ils inventent la fiscalité ; ils
inventent la chicane ; ils inventent la vénalité de la judicature , & par conséquent
la vénalité de la justice ; ils inventent l'a-
chat & la vente de la protection ; ils inventent la ferme , la régie , l'entreprise

par privilége exclusif ; ils inventent le pha-
raon , le brelan , le lansquenet , les lo-
teries , l'usure , la simonie , la félonie ; ils
inventent l'espionnage , le courtage , le
maquerellage ; que n'inventent-ils point ?
De toutes ces belles inventions naissent les
maltotiers , les procureurs , les recors , les
usuriers , les espions , les courtiers , les
huissiers , les brelandiers , les pilliers &
souteneurs de tripot , &c. , &c. ; ce sont les
voleurs privilégiés , les voleurs tolérés , les
voleurs enregistrés , les voleurs de bonne
compagnie , les voleurs peut - être nécessaires , les voleurs quelquefois honnêtes
gens , les voleurs dont souvent la fripon-
nerie n'est point un principe moral , mais
une nécessité mécanique , dont le cœur
est honnête , quoique leur métier ne le soit
point.

De la lie & du *caput mortuum* de ceux-ci
se forment les Mandrin , les Raffiat, les
Cartouche , & je me flatte qu'on me dis-
pensera de m'étendre sur cette honorable
classe de la société.

Après tout ce développement je ne vois

point du tout comment on parviendroit à me faire entendre que les propriétaires, n'en déplaise à M. le Journaliste, forment une quatrieme classe.

Car si les voleurs, qui forment la troisieme sont un *x* de notre problême, qu'il faille retrouver, je les retrouve parfaitement dans ces propriétaires; & pour cela je n'ai qu'une chose à dire que voici:

Ou les propriétaires précédens étoient parfaitement légitimes, & alors ce sont ceux qui les dépouillent maintenant qui sont les voleurs; ou ceux qui les dépouillent maintenant ont raison, & alors c'étoient donc eux qui étoient les voleurs.

Mais pour parler encore plus sérieusement & d'une maniere plus analogue à tout ce que j'ai avancé ci-dessus, j'ajouterai:

C'est nécessairement comme salarié, ou comme mendiant, ou comme voleur qu'un propriétaire est seigneur de sa terre; car s'il a profité de la foiblesse des rois, de l'inaction des loix, de l'ignorance des peuples & de l'anarchie universelle pour l'usurper, il l'a comme *voleur*. S'il a profité de la

faveur, ou de l'intrigue, ou de la géné-
rosité du prince pour se la faire attribuer,
il l'a comme *mendiant*. Si elle lui a été
donnée pour ses bons & loyaux services,
pour quelqu'action noble & utile, il l'a
comme *salarié*.

Par extension & application du principe,
très-vrai, nous trouverons que beaucoup
de nos grands ont été ci-devant *voleurs* ;
que maintenant si on vouloit les écouter
ils seroient la plupart *mendians*, & que dans
peu ils mériteroient vraisemblablement
d'être *salariés*.

Nous dirions de même qu'un bien grand
nombre de nos ministres ont long - tems
formé ce qu'on pouvoit appeller hardiment
la bande des *grands voleurs* : qu'ils rece-
voient fort mal les *mendians* dans les anti-
chambres, quoiqu'ils fissent eux-mêmes ailleurs le métier de *mendians* toute la journée,
& qu'ils seront trop heureux dans la nouvelle constitution d'être médiocrement *salariés*.

Enfin, ne conviendra-t-on pas que ci-devant l'état naturel d'un contrôleur-général

étoit d'être *voleur*, que son état nécessaire
actuel est d'être *mendiant*, & que son état in-
dispensable par la suite sera d'être *salarié* ?

Somme totale. J'ai voulu vous faire voir,
Messieurs, que ce qui ne nous avoit paru
qu'un sarcasme hasardé étoit susceptible
d'une démonstration rigoureuse, parce qu'il
tient à un principe évident. Mais ce principe évident peut être exprimé avec plus
de goût & d'aménité. Il consiste dans l'in-
contestable vérité, que nul ne peut avoir
dans la société que ce qu'il a obtenu par
son mérite, ou ce qui a été accordé comme
grace à ses demandes, ou ce dont il s'est
emparé par ses injustices. Je présume que
l'illustre député dont la saillie a choqué les
uns, étonné les autres, & fait rire les
troisiemes, ne s'en seroit sûrement pas
exprimé autrement, si on ne l'avoit choqué
lui-même par l'air de désapprobation qui
suivit l'emploi qu'il fit du mot, *salarié*. Bien
sûr de son principe, il fut entraîné alors
à l'exposer dans toute sa vigoureuse & affli-
geante crudité ; & il répondit à l'ironie
publique par une ironie plus grande. C'est

la réaction nerveufe d'un efprit mâle &
robufte qui fe voit en butte à l'injufte dé-
rifion d'une multitude qui ne l'entend pas.

Il exifte auffi, en fait d'opinion & de réputation, des *voleurs*, des *mendians* & des
falariés.

Ce feroit fans doute faire un grand plaifir
à beaucoup de mes lecteurs que de m'é-
tendre fur le développement de cette fe-
conde propofition, & de l'appuyer par des
citations de chofes & de perfonnes. Mais
je me bornerai à rapporter un morceau
effentiel, quoique fort court, que j'ai fait
en d'autres tems fur l'opinion (B). Dans un
ordinaire prochain, je donnerai la divifion
fociale des voleurs, des mendians & des
falariés, en fait de réputation; cependant
j'ajouterai dès-à-préfent que c'eft fur cette ma-
tiere qu'il exifte réellement une QUATRIEME
CLASSE, une claffe d'hommes qui ne font ni
mendians, ni voleurs, ni falariés. Ce font
les gens d'un mérite réellement fupérieur,
d'un caractere élevé, incapables de manège
& d'intrigues, trop pleins d'idées utiles à
la chofe publique, ou trop maîtrifés, foit

par leur génie, soit par l'amour de la science
à laquelle ils se sont livrés, pour pouvoir se
circonscrire dans le cercle étroit de leurs intérêts personnels ; qui sentent bien que la
gloire est le seul prix digne de leurs travaux,
de leurs talens ou de leurs vertus, mais qui
l'attendent comme une justice, & croiroient
l'avilir & se dégrader eux-mêmes en la de-
mandant. Exclus à jamais par l'élévation de
leur ame & par leur véritable vertu de
la classe des voleurs & des mendians en
fait de réputation, ils sont trop souvent
exclus aussi, par le vice & la basse jalousie
de leurs contemporains, de celles des salariés (1).

____

(1) On aura des idées beaucoup plus nettes, bien
plus développées sur ce que je dis ici, lorsqu'on
aura vu l'article 21 de mon ouvrage, intitulé : *Le
Représentant de l'ordre universel*, ouvrage qui, depuis
si long-tems, devroit être entre les mains de tout le
monde. Cet article en faisant connoître pourquoi les
hommes du plus grand mérite avoient beaucoup plus
réussi jusqu'à présent dans la peinture des maux que
dans l'indication des remedes, fait comprendre très-
clairement aussi comment il arrive souvent aux gens

de premier ordre, aux esprits les plus éclairés & les plus utiles, de ne jouir d'aucune gloire & de n'être appréciés que dans leur tombeau, pendant que les intrigans, les voleurs, les mendians, jouissent presqu'en entrant dans le monde, de tous les attributs de la réputation, de tous les avantages de la célébrité. On auroit vu aussi (si l'on n'avoit pas trouvé le secret de faire disparoître une édition entiere, à 60 exemplaire près), on auroit vu dans plusieurs endroits de l'ouvrage que j'ai donné, il y a quinze ans, *sur la fausseté, le vice & le danger des principes politiques de mon siecle en général & de la constitution françoise en particulier*, que ce n'est pas même à leur supériorité réelle & aux parties constitutives de leur mérite essentiel, qu'ont dû leur célébrité & leur gloire, parmi nous, ceux qui en ont du moins un peu joui de leur vivant; c'est à la partie la plus répréhensible ou la moins louable de leur talent, c'est à une réaction ridicule ou condamnable de notre vicieuse constitution, envers eux; car c'est en blessant l'ordre social qu'ils ont attiré les premiers regards de la société. Or on sait que c'est cette premiere attention, ce premier grade dans la carriere de la célébrité que nos contemporains refusent le plus long-tems qu'ils peuvent; mais qu'au contraire tout est superbe, d'un homme qui a une fois fait parler de lui. Le moindre mot d'un homme médiocre, mais célebre, est cité par tout le monde; pendant que les plus belles pensées d'un homme supérieur sans célébrité sont volées

pas

par tout l'univers, fans être citées par perfonne (*). On
fait encore mieux, que jufqu'à ce jour, en France, un
homme qui avoit déshonoré une femme, ou tué un
homme, après le lui avoir poliment propofé, ou
compofé un écrit brûlé par la main du bourreau,
étoit fûr de fa gloire & de fa fortune.

(*) On verra ces chofes traitées à fond dans un ouvrage
fur les célébrités, que je donnerai lorfque fon tour viendra.

B

Notes pour les pages 3 & 14.

(A) Lorsque je serai plus connu à la nation & à M. de Mirabeau, ce dernier ne pourra pas regarder comme un stérile & indifférent hommage le commentaire justificatif & approbateur d'un homme qui doit à la vérité & à la chose publique, ainsi qu'à lui-même, d'offrir le gage du combat à quiconque en France prétendroit être plus que lui versé dans les matieres politiques, morales, méta-physiques & législatives ; je demande bien pardon à mes lecteurs de cette petite sortie épisodique & prématurée, mais j'y suis obligé, & voici pourquoi : Je sais & je suis sûr, parce que je connois fort mon Paris, & les respectables caquets de nos sociétés, caquets qui s'étendent aujourd'hui jusqu'à la derniere tabagie, je sais & je suis sûr qu'on ne manqueroit pas de croire & de dire que c'est M. de Mirabeau lui-même qui a fait ce commentaire & qui le publie sous le nom d'un autre. Or, le moyen que je viens de prendre m'a paru le plus court & le plus efficace pour qu'on fût très-certain que M. de Mirabeau & moi ne sommes pas une seule personne, mais deux ; ce moyen sera le plus efficace, sur-tout en y ajoutant, que je ne l'excepte pas lui-même du cartel ou de l'épreuve que je propose, & non pour une fois seulement, comme dans les défis des guerriers ou des spadassins, mais pour toutes les fois qu'il en pourra résulter quelque utilité publique.

Au surplus, si l'on veut avoir quelque légere idée

des moyens avec lesquels j'oserai me préſenter en
lice, qu'on voie mon ouvrage du moment, intitulé :
*Motifs eſſentiels de détermination pour les claſſes
privilégiées, ou Echantillons de politique*, &c. qui
paroît depuis deux jours ; qu'on s'efforce de faire
ſortir des éternelles preſſes de M. Delormel, celui,
beaucoup plus conſidérable, intitulé : *Le Repréſentant
du premier ordre, c'eſt-à-dire de l'ordre univerſel*, qui
eſt entre ſes mains depuis quatre mois, & qui doit
être ſuivi immédiatement après, d'un autre plus capital
encore, & dont le titre eſt : PRINCIPES ET MATÉ-
RIAUX UNIVERSELS POUR UNE SAGE LÉGISLATION. —
Qu'on tâche enſuite de ſe procurer la lecture de l'écrit
fondamental & intéreſſant ſous beaucoup de rapports,
& particuliérement en ce qu'il contient preſque tous
les principes que la nation a enfin adoptés depuis un
an ; écrit que j'ai fait imprimer en 1775, & dont on
n'a pu ſauver que ſoixante exemplaires, *ſur la fauſſeté,
le vice & le danger des principes politiques de mon
ſiecle en général, & de la conſtitution françoiſe en
particulier*, &c. — Puis encore la lecture de mon
ouvrage *ſur l'état actuel de l'eſprit humain & ſur les
vices politiques des corps civils, politiques & litté-
raires*, donné en 1780, &c. &c. &c., ouvrages, écrits,
travaux, ſur leſquels ont été exercées toutes les
adroites cruautés des deſpotiſmes ſecrets & des tyran-
nies obſcures. Et jamais je n'ai réclamé, jamais je ne
m'en ſuis plaint, parce que je regardois tous ces travaux
comme de ſimples échantillons de ce que je devois

donner un jour, & que je préférois à tout, l'invincible résolution d'aller toujours en avant, & perpétuellement droit à mon but.

Il ne tient maintenant qu'à la nation, au roi, au gouvernement de vérifier si j'ai bien suivi cette loi noble & sévere que je m'étois imposée. On n'a qu'à me donner dix commissaires, dix secrétaires & dix imprimeurs, & on verra promptement comment & de quoi je puis les occuper. Un seul mot achevera de faire connoître avec quelle confiance je parle & quel caractere, quelles dispositions d'esprit j'apporte à la chose publique, ainsi qu'à ce qui m'est personnel ; ce mot, le voici :

Si par les résultats de cette épreuve, si par les résultats de l'examen, de la recherche, de l'inquisition, & du procès le plus rigoureux, de tous mes travaux, de toute ma personne & de l'emploi de tous les instans de ma vie, procès fait par trente autres commissaires les plus éclairés & les plus vertueux, on peut présumer & ensuite prouver qu'il y a dix citoyens en France qui aient plus que moi bien mérité de la chose publique, plus que moi consacré de tous tems toutes leurs facultés à l'intérêt général, & dont toute l'existence ait été plus complettement, plus universellement patriotique, je demande, & je la demande sans appel & comme faveur, la mort. Ces dix citoyens doivent suffire à la France.

Je demande de nouveau mille & mille pardons à mes lecteurs. En d'autres tems, j'aurois pu différer

à m'exprimer de la sorte, ou attendre que cela fût
placé dans un ensemble plus analogue & dans un
cadre plus convenable ; mais maintenant, il faut céder
à l'impérieuse loi de nécessité & plier sous les circonstances. D'ailleurs, si le public parvient *enfin*
un jour à avoir cet ouvrage, intitulé : *Le Repré-*
sentant du premier ordre, c'est-à-dire, de l'ordre uni-
versel, où j'avois traité toutes les matieres d'une utilité
plus urgente aux grands intérêts actuels de la nation,
avant que les états-généraux ne fussent, même rassem-
blés, il verra que j'avois cherché & trouvé cet ensemble plus analogue, ce cadre plus convenable, &
que j'avois placé dans un petit coin des extrémités de
ce cadre les développemens nécessaires de ce que je
dis ici d'une maniere tout-à-fait précipitée & mutilée.
Mais, qui ne peut parvenir à donner ses canons, doit
au moins donner ses épingles. Et encore, pour réussir
à donner uniquement ses épingles, faut-il se soumettre
à l'esprit du moment. Or, dans cet instant on ne peut
se flatter d'être lu par tout le monde, que dans des
écrits intitulés : *Complot, Trahison, Relation, Con-*
fession, Proscription, Lanterne, Voleurs, Révélation,
Conspiration, Exécutions, Entrevues des proscripts,
Conférences des têtes à couper, &c. &c. &c. ; & c'est faute
d'avoir eu la profonde sagesse & la douce philosophie
de donner de pareils titres à mes travaux législatifs,
il y a six mois, qu'ils n'ont pas pu réussir à voir le jour.

Que ceux donc qui ne me connoissent que par
l'extrême douceur, la sensibilité généreuse & empres-

sée, la complaisance sans bornes & la ...... infinie
que j'apporte en tout tems dans la société & dans les
choses privées, ne soient point étonnés de la fermeté,
de l'assurance, que je suis enfin obligé d'apporter dans
les choses publiques, & de l'espece de sorte de bou-
clier, à laquelle je suis entraîné par des circonstances
dont ils ne connoîtront que trop la cruauté, & par
des raisons dont ils ne sentiront que trop la justice.
Au surplus, je développerai peut-être incessamment
mes idées à cet égard dans un écrit particulier *sur la
pressante nécessité de nous bien connoître les uns les autres.*
Tant pis pour ceux qui peuvent beaucoup redouter
cette évidence; quant à moi, je la desire plus que le
premier trône du monde; & je ne serois flatté de la
possession de ce trône, que s'il m'étoit accordé en
vertu de cette évidence. Il n'est plus tems de dissimuler
nos pensées & nos sentimens à cet égard; encore
moins, de nous contenter d'être riches & aimables,
& d'ignorer complettement quel degré d'estime nous
nous devons.

(B) Ce morceau sur l'opinion sera aussi pour un
ordinaire prochain, dont il est plus convenable d'en différer
la publication.

ROSSI.